中小学生心理成长百问百答

特别会聊天

马永春　刘健／主编

全国优秀出版社
浙江少年儿童出版社　·杭州

图书在版编目(CIP)数据

特别会聊天 / 马永春, 刘健主编 . -- 杭州 : 浙江少年儿童出版社, 2024.6
(中小学生心理成长百问百答)
ISBN 978-7-5597-3902-5

Ⅰ.①特… Ⅱ.①马… ②刘… Ⅲ.①心理交往－语言艺术－青少年读物 Ⅳ.①C912.13-49

中国国家版本馆CIP数据核字(2024)第103642号

策　　划　汪　艺
责任编辑　尹摇芳　叶　丽
美术编辑　赵　琳
封面绘图　赵晓琦
内文绘图　朱梦瑶
责任校对　陈　钰
责任印制　王　振

中小学生心理成长百问百答
特别会聊天
TEBIE HUI LIAOTIAN
马永春，刘健　主编

浙江少年儿童出版社出版发行
(杭州环城北路177号)
浙江新华印刷技术有限公司印刷　全国各地新华书店经销
开本710mm×1000mm　1/16　印张7.75　字数71000　印数1-10000
2024年6月第1版　2024年6月第1次印刷

ISBN 978-7-5597-3902-5　　　　定价：30.00元
(如有印装质量问题，影响阅读，请与购买书店或承印厂联系调换。)
承印厂联系电话：0571-85164359

序言

作为一名长期从事精神医学与心理健康研究的学者，我深知心理健康对于青少年成长的重要性。青少年时期是人生中一个充满挑战与机遇的阶段，而健康的心理状态则是应对这些挑战、把握这些机遇的关键。

青少年心理健康问题一直存在，但在不同的历史时期和社会环境下，其具体表现和影响因素可能会有所不同。

在过去，由于社会经济发展水平相对较低，青少年的教育和生活条件有限，青少年心理健康问题可能更多地与生活压力、家庭关系、社会适应等方面有关。

近些年，随着科技的发展和社会的变革，青少年的心理健康问题也发生了一些变化。例如，网络和社交媒体的普及使得青少年更容易遭遇网络欺凌、信息过载等问题；同时，学业压力、家庭期望、人际关系等因素也对青少年的心理健康产生了极大影响。

当前，我国政府和社会已经开始重视青少年心理健康问题，并采取了一系列措施来加强青少年心理健康教育和服务。例如，政府发文规定：学校应该加强心理健康教育，并为学生提供心理咨询和支持服务；家长需要关注孩子的心理健康状况，与孩子建立良好的沟通和信任关系；社会要加强对青少年心理健康问题的宣传和教育，提高公众对青少年心理健康问题的认识和重视程度。

这套书不仅是一套心理自助读物，更是引导青少年心理健康成长的指南。它涵盖了广泛的主题，从青少年的自我意识、情绪管理、人际关系，到学业压力、网络社交等方面，都进行了深入的探讨和解读。书中既有理论知识，也有实用技巧，更有真实的案例分析，旨在帮助青少年更好地理解自己，从而面对生活中的各种挑战。

　　青少年心理健康问题不仅关系到青少年个体的健康成长，更关系到家庭和社会的和谐稳定。我们不能忽视这个问题，更不能将其简单化。这套书为我们提供了一个全面、深入了解青少年心理的窗口，也为家长和教育工作者更好地应对此类问题提供了指导和支持。

　　我深信，这套书是一个强大的心理支持系统。它汇集了临床一线专家们的智慧和经验，涵盖了从基础知识到复杂心理问题的全面内容，既有理论深度，也有实践指导。无论是对希望更好地理解和支持孩子的家长，还是对希望自主探索和认知自己内心世界的青少年，这套书都能提供有力的帮助。

　　我要特别感谢这些来自临床一线的专家和心理咨询师们。他们不仅在日常工作中为青少年的心理健康付出了巨大的努力，还抽出宝贵的时间来编写这样一套书籍，为更多的青少年和家庭提供帮助。这种无私奉献的精神令人敬佩。

　　我衷心希望这套书能成为每一位青少年和每个家庭的良伴，陪伴他们度过这个重要而又特殊的成长阶段。同时，我也希望这套书能引发更多人对青少年心理健康问题的关注和重视，从而为青少年的健康成长创造一个更加美好的环境。

陆林（中国科学院院士、国家精神心理疾病临床医学研究中心主任）

2024 年 05 月

编者序

当代儿童及青少年是各类心理症状的易感人群，其心理健康问题已成为重要的公共卫生议题。中国科学院心理研究所《心理健康蓝皮书》表明，2020年我国青少年的抑郁检出率达24.6%，其中7.4%为重度抑郁。在精神卫生临床医疗工作中也可以看出，近几年儿童及青少年的心理健康问题日益凸显，来医院门诊就诊及住院的儿童及青少年数量呈逐年增长的态势，尤其是在学期末、开学初均会出现大量学生来医院就诊、住院或办理休假、休学手续的现象。

2022年底，在浙江省儿童青少年心理健康工作委员会提出的年度工作计划中，包括出版一套儿童青少年心理健康书籍，旨在为儿童及青少年提供一些"成长的烦恼"解决方案，提升他们的心理健康水平和自主调节情绪困扰的能力。2023年初，为了这项年度任务，我们约见了汪艺老师。汪老师当时正在筹划出版一本助力青少年心理健康成长的书籍，出于对该问题的共同认知，大家一拍即合。一直从事心理健康教育科技服务的汪老师，对当代的儿童青少年心理健康问题有着自己的见解。"这个时代的孩子们太辛苦了，整天都在学习，"她说，"我们要做一本孩子们对照着做就可以解决问题的工具书。"当天，一同前来的晓莺老师带来了来自一线老师、家长及学生提出的200多个有关心理健康的问题。在那之后的一年时间里，我们集结了来自全国的50多位儿童青少年方向的精神科医生、心理治疗师、心理咨询师、学校心理老师等专业人员，围绕青少年成长中的心理困扰及其解决方法，开始了编写工作。丛书按照人际交往、生活习惯、情绪心态、学业成绩、青春期及家庭关系6个主题分册，为儿童及青少年答疑解惑，引导读者及家长进行互动式自助体验训练，力求给读者轻松愉悦而有助益的阅读体验。

本书的编写结构主要包括5大板块：

1. 开篇以**书信**形式，采用第一人称引出困扰儿童及青少年的问题。这些具体问题都来自现实，具有代表性和典型性，希望能让正处于或曾经有过相似境遇的读者产生共鸣。

2. 第二个板块为**"树洞回音"**，旨在给予被各种问题困扰的儿童及青少年一定程度的共情性回应，并向他们展示不同应对方案造成的不同影响，引发读者思考，从而帮助他们找到自己的症结所在，并能在未来独立判断和选择。

3. **"树洞锦囊"** 板块的目的是帮助儿童及青少年理解不同行动方案的心理学解释，引导、鼓励青少年尝试积极、有效的行动方案，提高其训练的意愿（动机）。

4. **"脑洞大开"** 是具体训练方法板块。根据常见的认知行为治疗（CBT）、接纳承诺治疗（ACT）、正念训练、焦点解决、精神动力、家庭治疗等心理训练技术理论，设计出儿童及青少年读者可以独立操作的练习工具，如体验式书写、涂鸦、转变表达方式等。在读者完成练习后给予"绿色行动奖章"进行激励、强化、巩固其心理调节新技能。

5. **"心理成长小贴士"** 以及 **"写给父母的话"** 是写给小读者或者家长的总结性心理学知识要点，是对前面有效行为训练背后心理学原理的概述说明。

我们希望广大读者把自己当成一名体验者，像小时候学骑自行车一样，带着尝试的心态体验、使用本书中的各种练习工具，而不是仅仅停留在阅读文字上。尽管我们尽力按照以上的构想进行编写，希望使其达到帮助儿童及青少年读者的目的，但由于能力和水平有限，也会存在一些不尽如人意的地方，我们也恳请广大读者给予批评指正。

在此，我们要特别感谢中国科学院陆林院士、中国科学院心理研究所祝卓宏教授以及浙江大学医学院附属精神卫生中心主任医师骆宏教授拨冗审阅本丛书，并对其做出了积极的评价，他们的肯定和推荐给了我们巨大的鼓舞；感谢浙江省儿童青少年工作委员会、浙江省立同德医院、浙江大学医学院附属精神卫生中心（杭州市第七人民医院）、杭州集祥教育科技有限公司等20多家单位机构的鼎力支持；感谢汪艺、晓莺老师的前期调查；感谢50余位专业人员的辛勤编写，尤其是赵侠、刘悦坦、邱丽芳、卢镁芳、刘露和沈欣欣等6位编者，在承担编写工作的同时，也做了大量书稿校对、质控等工作。在丛书即将发行之际，在此向全体编委表示衷心感谢！在一年多的时间里，浙江儿童少年出版社的编辑们也倾注了大量心力，进行了精美设计，使丛书风格更加贴近儿童青少年读者。希望本丛书可以在儿童青少年心理健康成长之路上有所助力。

主编：马永春　刘健

2024年04月

丛书编者

策 划

汪 艺

主 编

马永春　浙江省立同德医院（浙江省精神卫生中心）
刘　健　浙江大学医学院附属精神卫生中心（杭州市第七人民医院）

副主编

张海生　西湖大学医学院附属杭州市第一人民医院
唐劲松　浙江大学医学院附属邵逸夫医院
李旭娟　树兰（杭州）医院
俞少华　浙江大学医学院附属第二医院
谭云飞　浙江省人民医院（杭州医学院附属人民医院）

编 委

（按姓氏拼音排序）

陈利舟　陈　蔚　陈　颖　董京妮　董晓莺　方　卫　龚恩溢　郭冰心
郭　峰　江燕萍　蒋杭英　焦漪萍　黎　仙　李　彬　李奉霞　李　琳
李　楠　李旭娟　梁健强　林　栋　刘　健　刘　畅　刘　露　刘　萍
刘悦坦　楼新娟　卢镁芳　骆名进　马永春　潘金灯　彭月华　邱丽芳
邵志虹　沈欣欣　宋林洁　苏晶晶　孙阳春　谭云飞　汤路瀚　唐劲松
王丽丽　王　颖　王钰燕　吴佳怡　吴雅倩　夏　滨　薛今俊　薛小莲
杨　柳　杨秀清　叶冬萍　余婷婷　俞少华　张　冰　张海生　赵　侠
周　娜　周郁微　朱　妍　朱燕华

秘 书

沈欣欣

01 我没有朋友是因为性格不好吗? /1

朋友关系能像镜子一样,映照出自己的样子。物以类聚,人以群分,我们都喜欢与优秀的人为伍,那就先努力让自己成为优秀的人吧!

02 我总是因为担心自己说错话而处处谨小慎微,该如何改变? /7

社交焦虑即在社交场合中,因担心与他人失去联结而引发的羞耻感、失望感和被排斥感。人在社交中感到焦虑是普遍现象,只是每个人的社交焦虑程度不同而已。

03 成绩一般的我该如何与成绩优异的同学成为朋友? /13

心理学上有个"魔法",叫"相悦定律",这个定律告诉我们:在与人交往的过程中,想让别人喜欢你,要先学会喜欢别人。

04 怎样才能从"社恐"变成"社牛"? /19

每当我们做成一件事情,大脑就会奖励我们一块"快乐巧克力",我们因此会更加努力,这就是"奖赏效应"。一次一次地挑战自我、完成任务后,你一定可以将恐惧转化为快乐和成就感。

05 在小团体中被边缘化了,我该怎么办? /25

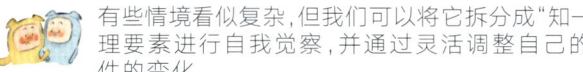

有些情境看似复杂,但我们可以将它拆分成"知一情一意一行"这四个心理要素进行自我觉察,并通过灵活调整自己的心理和行为来应对事件的变化。

06 我被室友孤立了,该如何寻求帮助? / 31

明确我们想要的沟通效果,选择合适的时间、地点,使用恰当的沟通技巧,营造积极的沟通氛围,可以帮助我们实现有效沟通。

07 我和同学关系紧张,该如何改变现状? / 37

"受害者思维"会让人不自觉地陷入"无论如何都摆脱不了被捉弄"的悲观想法,并逐渐失去信心,无力感和孤独感也会越来越强烈。改变观念,让自己的内心强大起来,才能摆脱无力感,掌握主动权。

08 当班上同学抱团孤立我的好朋友时,我该怎么抉择? / 43

只有遇到很重要的事情才可以敲"登闻鼓"哦!1个"登闻鼓"代表与自己无关且不要紧的事件,2个"登闻鼓"代表与自己有关但不太紧急的事件,3个"登闻鼓"代表紧急事件。

09 聊天时,遇到自己不感兴趣的话题怎么办? / 51

在和别人交谈的过程中,当你不打算继续聊下去时,找准合适的时机打断对话,是一个沟通小技巧。

10 和好朋友吵架后,该怎么打破尴尬? / 57

尴尬是人际交往中最常见的感受之一,当我们产生低自尊、羞耻的情绪时,会下意识地觉得他人在评价自己——"我这么做,别人一定会觉得我很蠢"。其实很多时候,只是我们自己在评判自己。

11 假期之后,我和同班好友的关系生疏了,该怎么恢复? / 63

想要建立良性的友谊,需要我们种下三棵小树。每棵小树都有不同的需求,满足这些需求才能使它们茁壮成长,结出果实。

12 发现朋友身上有很多缺点,我该继续坚持这段友谊吗? / 69

我们每个人都生活在一个玻璃屋中,我们可以看到周围的人,同时别人也可以看到我们。当我们注意到别人的缺点时,也要反省自己的缺点,这样或许就能理解对方的难处了。

13 我结交了品德差但对我很好的朋友,该不该放弃? / 75

在人的一生中,会有很多人来到我们身边,也会有很多人离开。因此,学会判断对方的品质,把有限的爱和精力留给值得的朋友是很重要的。

14 朋友总是无视我的合理诉求,我该如何应对? / 81

"反黄金法则"即"我怎样对待别人,别人就应该怎样对待我"。事实上,哪怕你提的要求看上去是合理的,也很有可能侵犯到别人的边界。

15 我的善意提醒为什么会被同学认为是多管闲事? / 87

"放大镜语言"就是不批评他人、仅仅客观描述事实的语言。"非暴力沟通"是用温柔且坚定的方式表达出自己的想法,用不伤害他人的方式解决矛盾和冲突。

16 因太在意友情而导致自己身心俱疲,我做错了吗? / 93

明确自己的原则底线,同时也能识别并尊重他人的原则底线,这样才能正确识别自己与他人的关系界限,采用更合适的方式处理彼此的关系。

17 我有很多朋友,可为什么内心仍然感到无比孤独? / 99

"投射"是指一个人将一些自认为自身具有,但自己又不愿承认、无法接受的动机、情感、性格特质等,投射到别人身上或外部世界的现象。当我们慢慢消除了内心对别人的不信任时,就能得到别人友好的回应。

18 在人际关系中,是否应该"公平交易"? / 105

在现实生活中,当我们引用"付出就应该有回报"这条原则时,往往带有求利心理。我们都希望自己付出得少,得到的回报多。但是,并不是所有付出都可以衡量其价值,有时候,我们所获得的回报是无形的。

01 我没有朋友是因为性格不好吗?

From 缇娜

我很想多交一些朋友，但我性子直，经常意识不到自己说了伤人的话，有时还会控制不住地发泄不满或愤怒的情绪。因此，我总是交不到朋友，我也变得越来越不自信。每当看到其他同学之间亲密、欢乐的样子，再想想自己一个人独处的场景，我心里就感到一阵酸楚。我真希望能有几个知心好朋友。

— 树洞回音 —

人是一种社会性动物，需要在群体中生存和发展，但每个人交朋友的目的和态度——也就是交友观——却不尽相同。交友观也可以分为积极、健康的**"绿色观念"** 和消极、不健康的**"红色观念"**。请你给下页表格中交友观上方的星星涂上相应的颜色吧。

1 ☆ 朋友可以缓解我的孤独。	2 ☆ 可以跟朋友一起娱乐、玩耍。	3 ☆ 能交到朋友说明我是个有用的人,否则说明我很没用。
4 ☆ 有朋友听我的话,这种感觉很爽。	5 ☆ 朋友之间可以分享信息、交流话题。	6 ☆ 哪怕我做了坏事,朋友也会无条件支持我。
7 ☆ 朋友之间可以分享彼此的喜怒哀乐。	8 ☆ 朋友之间可以互相监督、提醒。	9 ☆ 朋友可以互帮互助。
10 ☆ 可以和朋友一起对付其他人。	11 ☆ 朋友可以让我变得更自信。	12 ☆ 朋友比较好利用。

绿色观念:1、2、5、7、8、9、11　　红色观念:3、4、6、10、12

想一想:哪些"绿色观念"更加重要?请你按照重要程度从高到低的顺序排一排吧!

— 树洞锦囊 —

你发现了吗？当我们思考交友观这个问题时,也是在重新审视自己。朋友关系能像镜子一样,映照出自己的样子。当别人因为你说话伤人而离开时,可以反思一下自己为什么要那样说,以后要如何避免出口伤人。当你对友谊的认识变得清晰,对自己和他人的理解变得深入时,情绪就会更稳定,也就能选择更恰当的表达方式了。锻炼交际能力是成长中的重要课题,交友过程中碰到困难和挫折很正常。当你战胜一个又一个交际困难之后,你的交友能力也会在不知不觉中得到提高。

交友训练营

在"交友训练营",你可以为自己设定几个训练阶段,一步步地思考、探索和练习。认真思考下页的问题,并把答案写在空白栏里,你会更加明确自己的交友观,逐步明白自己内心真正的需求。

1. 你应该学会哪些人际交往的技巧？可以怎样练习？

例：将心比心,希望他人如何对待自己,就要如何对待他人。练习换位思考,学习站在他人的角度来思考和感受。

2. 你想跟谁成为好朋友？为什么？对方身上有哪些优点吸引你？

3. 你可以在哪些方面提升自我,让自己成为更好的朋友？

4. 你常有哪些情绪？处在哪些情绪状态下会让你失控？有什么较好的宣泄方式？

5. 你与朋友可以如何通过什么方式来促进共同成长和进步？

叮！祝贺你学会了这一技巧，获得了"绿色行动"奖牌。

心理成长
小 贴 士

常言道,物以类聚,人以群分。我们都喜欢与优秀的人为伍,那就先努力让自己成为优秀的人吧!比如培养良好的个性品质,获取渊博的学识,懂得换位思考,顾及他人感受,交往中以诚相待,保持乐观积极的心态,充满正能量……当你成为更好的自己后,自然而然就能吸引到更多优秀的朋友啦!别忘了,结交朋友的过程也是一段自我发现和探索的旅程哦!

 你也很优秀哦。

02 我总是因为担心自己说错话而处处谨小慎微,该如何改变?

From 菲飞

我和别人交往时总害怕自己说错话，平日里说话做事也总是谨小慎微，生怕惹别人不高兴，导致他们不喜欢我。这种情绪我好像从小就有，不管是在学校，还是在其他场合，只要面对不是特别熟悉的人，我都会非常紧张，甚至不敢看对方的眼睛。我羡慕那些能够大大方方说话的同学，我多么希望自己能像他们一样能说会道、多交一些朋友啊！

— 树洞回音 —

请你回顾一下你的过去，看看你有过哪些下页表格中提到的和社交恐惧有关的**"红色经历"**。如果你有过其他让你感到恐惧的社交经历，也可以写在空白格子中。

1 ☆	2 ☆	3 ☆
没有特别要好的朋友,总是一个人。	曾经被小伙伴排挤。	老师特别偏爱某一些同学,自己却总是被忽略。
4 ☆	5 ☆	6 ☆
爸爸妈妈很严厉,自己不敢向他们表达需求,即便表达了也总是被否定或拒绝。	别人的想法总是和自己的不一样,很少有人能理解自己。	想和某人做朋友,但对方却没有同样的意愿。
7 ☆	8 ☆	9 ☆

想一想:"红色经历"对你的生活有怎样的影响?

— 树洞锦囊 —

你发现了吗？受到过去的负面经历影响，我们很容易感到紧张，这是正常的心理反应，并非病态。我们会因为眼前的情境和过去的场景很相似，而陷入和过去同样的害怕和担心中。这些负面情绪会导致我们采取回避、内耗等无效的应对方式，当我们意识到这些应对方式于事无补时，还可以怎么做呢？

"改变自己"小练习

1. 接纳自己的紧张和担心

人在社交中感到焦虑是普遍现象，只是每个人的社交焦虑程度不同而已。

2. 区分现在和过去

也许你过去有被拒绝或否定的经历，但那只能代表过去。将注意力集中在区分现在所处的情境、面对的人和过去的不同之处上。

3. 辨别自己有没有以下不易察觉的冒犯他人的行为，如果有，请在方框中画"√"

▶ 随意打断他人讲话。☐

▶ 与人交谈时无意识地翻白眼。 ☐

▶ 觉得自己比别人知道得多,交谈时显得不耐烦。 ☐

▶ 当听自己不喜欢的人说话时,不自觉地窃笑或走神。 ☐

这一步很难,因为审视自己时往往会存在盲区。你可以试试询问他人是否感觉被你冒犯,生活中留心观察他人在你面前有没有表现出卑微或者愤怒。他人对我们的负面反应也许就是在提醒我们,自己已经做出了冒犯他人的言行。

4. 注意观察

注意关注自己内在的感觉和需要,肯定自己的优点和积极面;同时关注他人内心的善良,欣赏他人的个性,不论他们的行为如何。

5. 积极改变

你是不是只有在他人发出明显的"欢迎信息"后才会采取进一步的行动?但心理学中有一条著名原则:谁痛苦谁改变。当你主动改变自己时,他人也许会以赞赏回应你,也许会和以前一样,无视你的改变,我们只能对自己的行为负责,但你真正收获的会是更棒的自己。记得关注自己内心的变化,把这些变化想象成奖励,你会是自己全新行为的最终受益者。

叮! 祝贺你学会了这一技巧,获得了"绿色行动"奖牌。

写给父母的话

社交焦虑即在社交场合中,因担心与他人失去联结而引发的羞耻感、失望感和被排斥感,这本质上是一种羞耻感焦虑。**人类天生渴望联结,每个人都需要与他人有情感交流才能更完整地认识自己。**如果这种需求未得到满足,我们就会感觉自己像个局外人,孤独、格格不入、被忽视,并产生羞耻感,认为自己不够好。父母是孩子最初的人际交往对象,在父母与亲子的互动中,孩子学会了人际交往的技巧,也会通过父母的反馈判断自己是不是受欢迎,从而形成自信或自卑心理。如果孩子的自我评价是正向的,那么他在社交中也会有更大的掌控感和自由度。

让孩子勇敢做自己吧!

03 成绩一般的我该如何与成绩优异的同学成为朋友?

From 西西

　　我的成绩中等，偶尔超常发挥，才能达到中等偏上的水平。学习对我来说是一件比较吃力的事情，我总要付出加倍的努力，才可以获得别人轻松就能取得的成绩。有一次，我看到我们班成绩比较好的楠楠和峰峰在一起讨论数学题，我好羡慕，我也希望有一个可以帮助我提高成绩的朋友。于是我鼓起勇气向他们请教，可是他们俩却一脸高傲地看着我，说话的语气也让我很不舒服，我觉得尴尬极了。那一次的经历让我很受打击，他们那种目中无人的态度真让人受不了。但我还是希望有成绩好的朋友来指导我，我该怎么做呢？

— 树洞回音 —

　　你是不是也有想和优秀的朋友交往，但又因为自卑而不敢靠近他们的经历呢？

　　在这里，我要告诉你一个心理学的"魔法"，叫"相悦定律"，这个"魔法"特别简单：在与人交往的过程中，想让别人喜欢你，要先学会喜欢别人哦！

请你试试施展这个"魔法",写下你想交的这个朋友令你喜欢的地方吧!

他令我喜欢的品质:

他令我喜欢的行为:

他令我喜欢的其他方面:

比起让他人喜欢自己,自己喜欢自己更重要,写下你令自己喜欢的方方面面吧!

我令自己喜欢的品质:

我令自己喜欢的行为:

我令自己喜欢的其他方面:

— 树洞锦囊 —

你发现了吗？==要想交一个新朋友，比起让对方喜欢自己，真心喜欢上对方、找到对方令人喜欢的优点更重要哦。==当你真心喜欢一个人时，会在语言和行为上表现出对他的欣赏，对方感受到你对他的认可以后，你们就能更快建立起友谊了。

==比起努力让别人喜欢自己，更重要的是自己要先喜欢自己。==我们总觉得别人对自己的喜欢更重要，但过度依赖、在意别人的判断，有可能会让自己变得自卑、敏感。当你发自内心地喜欢自己，勇于做自己，让别人看到你的优点和自信，那么和你相似、欣赏你的人自然就会成为你的朋友了。

脑洞大开

"建立友谊"小练习

在确认了对方是值得自己交往的人之后，如何与他建立起友谊呢？下面的一些行动方案，你可以试试看哦！

1. 完成新朋友地图

每个人都像一块你不了解的新大陆，我们在踏上这片土地之前，要先了解新朋友的性格、品质、兴趣爱好、生活习惯等。在这个阶段要多多倾听，让新朋友多聊聊自己。请你完成这幅新朋友地图。

2. 制造相处机会

了解到他的喜好之后,就可以和他一起参加他喜欢的活动了。当然,你也可以和新朋友分享你喜欢的活动,带他到你的"领地"逛逛。

每当你们有了一次互动,就可以在打卡表中画一个"√",相信用不了几次,你们就会成为好朋友啦。

▶ 一起运动　　　　　　　　　　　　　□
▶ 一起去科技馆　　　　　　　　　　　□
▶ 其他:_____　　　　　　□

叮!　祝贺你学会了这一技巧,获得了"绿色行动"奖牌。

心理成长小贴士

你听过盲人摸象的故事吗？摸到大象身体的盲人会觉得大象是堵墙，摸到大象尾巴的盲人会觉得大象是根粗麻绳，但是我们知道，大象并不是墙或粗麻绳。只看到一个人的一个优点或缺点就对这个人的整体形象下判断，在心理学上叫**"光环效应"**。比如某同学的成绩很好，他就会被美好的光环罩住，你会认为他在其他方面也非常好；或者你跟一个人打招呼，他没有热情回应你，你就觉得他性格傲慢，瞧不起你，但实际上并非如此。在和朋友交往的时候，不要片面地看待他人的某一个行为或某一个品质，过早下结论。我们要学会分析他人身上的各种行为和品质，全面地看待一个人，再决定要不要继续交往。

 多多了解你的朋友吧！

04 怎样才能从"社恐"变成"社牛"?

From 含含

我是一个很内向很害羞的人。每到一个陌生的场合，遇到不认识的人，我就会手心冒汗，心跳加速，脑袋嗡嗡的，紧张得说不出话。我也尝试过主动和别人搭话，但是气氛总是尴尬得让人窒息，对话也往往不了了之。每一次失败的尝试都让我更加害怕，于是每一次尝试都比前一次更失败，我陷入了社交失败死循环。现在，我干脆选择逃避，遇到陌生人就躲起来，这样起码不会出丑。但我其实很想结识新朋友，想和朋友们在阳光下散散步、聊聊最近发生的事情，希望与朋友分享彼此的心情，那种感觉一定非常幸福！我到底该怎么办呢？

— 树洞回音 —

正在阅读本书的你，是"社牛"还是"社恐"呢？

恐惧社交的人，每当遇到陌生人，就会被焦虑和恐惧笼罩。让我们启动"头脑扫描仪"，分析一下是哪些想法导致了这样的情绪吧。

你可以在图中继续补充让你感到焦虑、恐惧的想法,并分析自己这样想的原因。你还可以和朋友、家人一起完成并交换意见。

— 树洞锦囊 —

见到陌生人或进入新环境时,感到不安和紧张是很正常的,你要知道,很多人都有和你一样的情况。而焦虑的原因是多种多样的,你可以和周围的人聊聊各自都会因为什么而焦虑,又是怎么应对的。

遇到新朋友时,你可以改变一下思维方式:把"我必须得表现得很好才能被别人喜欢",改变成"我可以做自己,然后别人会判断我是否适合做他的朋友。不适合也没关系,我可以和其他人交朋友"。这样可以减轻紧张和不安的情绪,与别人交流起来就会更容易了。

脑洞大开

社交挑战书

既然你想突破自己,那就给自己下一份挑战书吧!

首先,在表格上写下一些你完全不害怕的社交场合和情景(0分);再写下一些你有一点害怕的社交场合和情景;再接下来,请写下你很害怕的社交场合和情景(10分),这些就是你要挑战的任务。最后,写下一些你希望自己可以实现的社交目标,比如"可以和陌生人尽情地谈天说地"等。

请你给自己对这些任务的害怕程度打个分吧(0~10分)。填好社交挑战书后,你可以从0分任务开始,慢慢完成1分、2分、3分……的任务,每完成一项任务就画一个"√",直至完成10分任务,你就能克服恐惧,交到志同道合的朋友啦!

注意:可以把一个大挑战拆成很多小挑战来完成哦。比如,挑战难度为10分的"在众人面前自我介绍"前,可以先完成难度为0分的"写简短的自我介绍"和难度为2分的"找好朋友,练习自我介绍",再完成难度为5分的"向自己朋友的朋友做自我介绍",慢慢向10分的目标任务靠近。请你将你想完成的小挑战及其难度写出来,每完成一个挑战,就在表格中画个"√"。

任务	分数	是否完成
写简短的自我介绍	0分	√
	2分	

叮!祝贺你学会了这一技巧,获得了"绿色行动"奖牌。

♥ 心理成长
小 贴 士

　　你知道吗？每当我们做成一件事情，大脑就会奖励我们一块"快乐巧克力"，我们因此会更加努力，这就是**"奖赏效应"**。此外，我们可以把一个大目标分解成几个小目标来实施——直接和他人说话太难，可以从对别人微笑开始——而每一次的小成功都能获得大脑奖励的"快乐巧克力"。在奖赏的激励下，你会爱上成功的感觉，从而越来越勇敢，越做越好。一次一次挑战自我、完成任务后，你一定可以将恐惧转化为快乐和成就感！

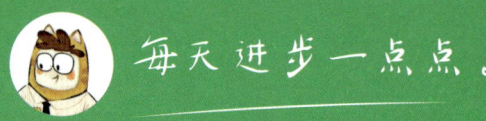
每天进步一点点。

05 在小团体中被边缘化了,我该怎么办?

From 雨菲

我和我的两个好朋友是同班同学,平日里我们关系很好,无话不谈,就连下课也是形影不离。但最近不知道怎么回事,她们俩走得很近,并且总是有意避开我。我还听说她们在假期相约去图书馆,甚至在背后说我坏话。这还是好朋友吗?我感觉自己被孤立了,很伤心、很气愤,但也有些不知所措。我想知道什么样的朋友才是真朋友,而我现在又该怎么做。

— 树洞回音 —

当你在生活中遇到这样的情况,会怎么想、怎么做呢?

在这样的场景中,有些想法对改善你和朋友之间的关系有帮助,我们称之为**"绿色想法"**;有些想法不但没有帮助,反而可能让事情变得更糟,我们称之为**"红色想法"**。请你阅读下页表格中的例子,给它们上方的星星涂上红色或绿色。如果你有其他想法,也可以写在空格中。

1 ☆	2 ☆	3 ☆
既然她们有意避开我,那我也不和她们说话了。	我要把自己封闭起来,再也不交朋友了。	她们竟然在背后说我坏话,我要让她们向我道歉!
4 ☆	5 ☆	6 ☆
为什么她们要这样对我?我又没做错什么!	我是不是不值得拥有好朋友?	当初和她们交朋友,是因为她们身上有一些吸引我的品质。但其实每个人都是不完美的。
7 ☆	8 ☆	9 ☆
或许我们之间有什么误会。我需要去了解她们是怎么看待我的。	可能我的一些行为伤害了她们。如果是这样,我就应该真诚地表达歉意。	

绿色想法:6、7、8　　红色想法:1、2、3、4、5

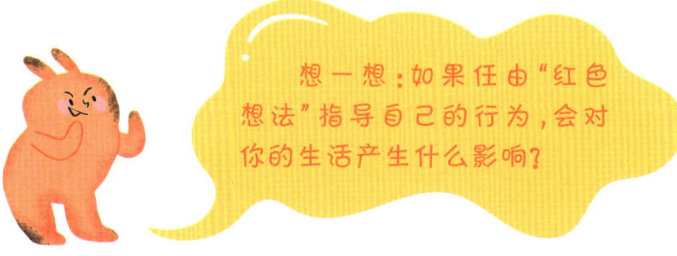

想一想:如果任由"红色想法"指导自己的行为,会对你的生活产生什么影响?

— 树洞锦囊 —

在和朋友相处的过程中,常常会发生矛盾或误会,这是在所难免的事。正因为我们十分珍视这份友谊,所以会特别在意朋友的做法,对朋友的疏远感到伤心、气愤、不知所措,但这是正常的反应。而当我们选择回避时,虽然短时间内避免了尴尬,但是从长远看,却会造成更多的问题,甚至导致友谊彻底破裂。

接下来,我们要学习如何在实际生活中行动起来,主动与朋友合理、有效地沟通。

"开动友谊的小船"小练习

目标:找机会和朋友交流彼此的想法。

1. 搭建小船

首先,请你做一个长长的深呼吸,让自己恢复平和的心态。只有调整好情绪,才能更好地思考与行动。

2. 准备发动机

回想一下,当初朋友身上的什么品质吸引了你?你觉得自己身上有什么品质让他们愿意与你做朋友?在你们相处的时光中,有哪些美好的回忆呢?可以试着写下来。

3. 扬起船帆

现在,请勇敢的你走到朋友的面前,真诚地表达你的疑虑,并倾听对方的想法。假如这时候你想要退缩,没关系,这恰恰说明你是一个珍惜友谊的人。但请你相信,相互包容、相互理解的友谊是最珍贵的,也许你的朋友也正想找机会和你坦诚交流呢!

4. 开动小船

假如你们发现彼此间存在误会,那么你的主动交流就是消除误会的良方,你们的关系将在化解误会之后变得更加亲密。接下来,邀请朋友和你一起去玩吧!

假如朋友给你提出了一些小建议,同时表示仍愿意与你继续做朋友,那就说明你的朋友会关注你的进步,期待你变得更好。每个人都是不完美的。继续与朋友们一起玩耍、一起成长吧!

假如在交流之后,你发现对方的做法并不合理,你们之间存在难以调和的矛盾,那么这次冲突正好帮助你认识到了自己想要什么样的朋友。友情破裂虽然很遗憾,但也是正常的。相信真诚礼貌的你,一定会得到他人的尊重。

叮!祝贺你学会了这一技巧,获得了"绿色行动"奖牌。

心理成长
小 贴 士

与朋友闹矛盾的情境看起来复杂,令人不知所措,但我们可以将其拆分成"知—情—意—行"这四个心理要素进行自我觉察,进而解决问题。

认知:发生了什么?我是怎么想的?

情感:我产生了什么样的情绪?它们有没有过度影响我的生活?

意志:我愿意改变吗?我的哪些固有观念可能会造成不好的影响?

行为:我可以做什么?我计划怎么做?

当然,你也可以根据当下发生的事件,把自己的回答写下来,每隔一段时间回头看看,自己的回答是否有所改变,通过灵活调整自己的心理和行为来应对事件的变化。

 祝你拥有最真挚的友谊。

06 我被室友孤立了,该如何寻求帮助?

From 宛怡

我在一所寄宿制中学读书。我和室友们因为生活习惯的差异产生了矛盾,她们现在联合起来孤立我,不跟我一起玩,在宿舍里也不跟我讲话。我在学校里感觉到非常孤单、无助。我认为自己并没有做错,但不敢向父母诉苦,他们好不容易把我送到这所学校来,就为了让我能够接受更好的教育。我不想让他们担心或失望,但是我的心情糟糕透了,甚至不想在这里读书了。我该怎样告诉父母,并且获得他们的支持和帮助?

— 树洞回音 —

如果你在生活中遭遇了同样的情况,会告诉父母吗?你会通过怎样的方式让父母知道你的遭遇和心情呢?你能想到用哪些行动让父母理解你呢?

我们列举了一些行动方案。**"红色行动"**通常对解决问题没有帮助,**"绿色行动"**则比较有帮助。请你给下页表格中的星星涂上对应的颜色,也可以在空白的格子中写上自己的行动方案。

1 ☆	2 ☆	3 ☆
沉默,继续忍受。	抱怨,指责父母选错了学校。	封闭自己,拒绝上学。
4 ☆	5 ☆	6 ☆
给父母写一封信,告诉他们自己的遭遇和心情。	把自己的遭遇和心情画成一幅画,交给父母。	选择合适的时机,组织好语言,当面跟父母讲述自己的遭遇和心情。
7 ☆	8 ☆	9 ☆

绿色行动:4、5、6   红色行动:1、2、3

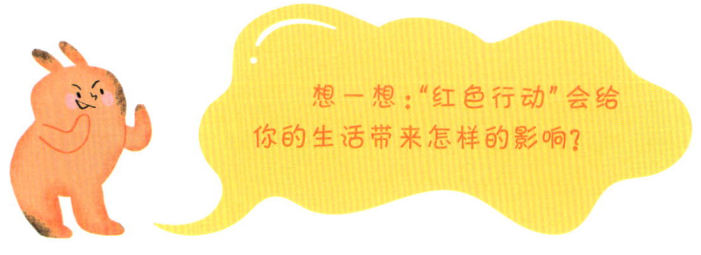

想一想:"红色行动"会给你的生活带来怎样的影响?

— 树洞锦囊 —

当你在学校环境中遇到人际关系问题时,可能会想要通过指责爸爸妈妈、拒绝上学等方式来转移或逃避人际交往的压力。可是,这些行动不但不能帮助你成功地解决问题,反而会加剧你跟爸爸妈妈之间的矛盾,让双方都觉得沟通受阻,无法达成共识。

脑洞大开

"请帮助我"小练习

1. 理清和父母沟通的动机

不同的沟通动机决定了我们沟通的情境、方式和使用的语言。请找出下面符合你动机的描述,在方框中画"√"。如果你有其他的动机,也可以写下来。

▶ 得到倾听,让父母感受你当前的心情,并给予理解。☐

▶ 分析问题,希望父母帮助你找到问题所在。☐

▶ 得到指导,希望父母在处理问题方面给予你直接帮助或行动指导。☐

2. 选择合适的沟通时机和方式

选择恰当的时间、正确的场合，在对方轻松、愉悦的状态下表明诉求，可以显著提高沟通的效率。可以选择面对面沟通的方式，也可以通过写信、绘画等方式来表达彼此的真实感受，促进你跟父母之间的友好交流。

3. 寻找人际资源

如果父母不是最能帮助我们解决问题的人，你可以通过下图中的亲密关系圈来检索自己的人际资源，请他们帮助你更好地纾解情绪和处理问题。

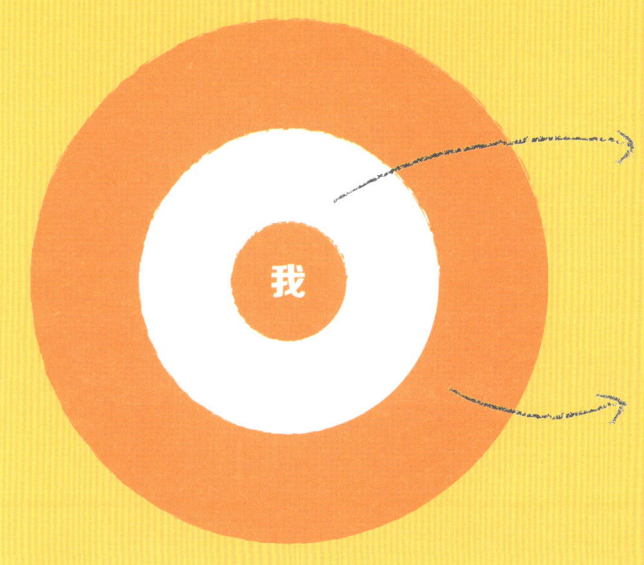

在内圈中填写最亲密的人。他是你分享秘密的对象，能给你情感支持。

在外圈中填写次亲密的人。他能帮助你获得生活上的支持或资源。

叮！祝贺你学会了这一技巧，获得了"绿色行动"奖牌。

心理成长
小 贴 士

如果想要取得良好的沟通效果,首先要提前明确我们想要的沟通效果是什么。其次,当我们展开沟通时,要选择合适的时间、地点,使用恰当的沟通技巧,这有利于达到友好交流的目的。沟通氛围的营造至关重要,充斥着抱怨、指责、批评、抗拒等消极情绪的沟通氛围可能会导致冲突升级,加深彼此的误会;而充满平等、友善、重视、赞同等积极情绪的沟通氛围更有助于彼此之间真诚地表达,促进相互理解。

生活中处处都需要沟通,沟通的类型和形式千变万化,因此我们每个人都需要反复学习,不断训练,在日常中积累经验,才能让我们的表达越来越顺畅。

 真诚沟通,说不定会有惊喜哦。

07 我和同学关系紧张,该如何改变现状?

From 朵朵

最近,我和同班的晨晨时常发生矛盾。他总是莫名其妙地针对我,有时我都不知道哪里惹到他了,他就故意把我的东西摔到地上。每次遇到这样的事情,我都很生气,可是找他理论时,他却说:"你怎么这么小气?我又不是故意的。"然后变本加厉地欺负我。我想向老师反映,让老师管管他,又觉得这是同学之间的事情,怕告诉老师之后会激化矛盾,让我们的关系更紧张。我也很想告诉班干部,可又怕他们不理解我,觉得我小题大做。每次跟晨晨发生矛盾,我心里都会感到既憋屈又生气,却没有解决办法。现在我只好躲着他,尽量不跟他接触。

— 树洞回音 —

被同学针对,确实是一件让人生气、委屈的事情。有时我们尝试沟通后,效果欠佳,就干脆放弃沟通,选择逃避,但这样似乎并不能解决问题。

那么,哪些行动方案是能帮助我们解决问题的**"绿色行动"**,哪些又是不能有效解决问题的**"红色行动"**呢?请你给表格中提到的方案涂上相应的颜色,也可以发挥

你的聪明才智，在空白处写上自己采取过或想到的行动方案。

1 ☆ 被捉弄时保持沉默，生闷气。	2 ☆ 寻找对方的把柄，想办法报复他。	3 ☆ 逃避，处处躲着对方，甚至不敢和他四目相对。
4 ☆ 告诉最亲近的人自己的遭遇，一起想办法面对。	5 ☆ 当对方做出不友好的行为时，勇敢地说"不"。当对方做出友好的行为时，则鼓励他用这样的方式与自己相处。	6 ☆ 将自己和对方之间接下来可能发生的事情一一列出，思考如何应对，提前做好心理准备。
7 ☆	8 ☆	9 ☆

绿色行动：4、5、6　　红色行动：1、2、3

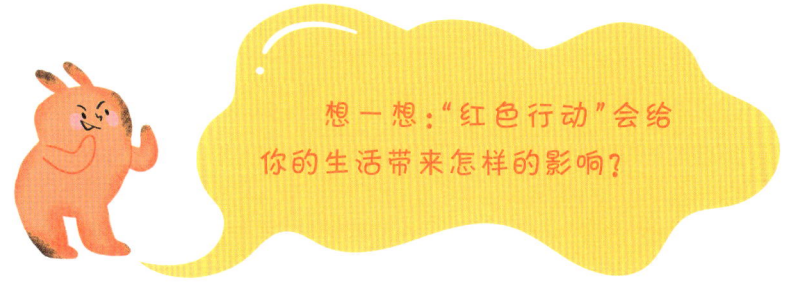

想一想："红色行动"会给你的生活带来怎样的影响？

— 树洞锦囊 —

你发现了吗？当你采取沉默、逃避、报复等行动时，事情只会变得越来越糟糕，你的挫败感也会更强。这样的感觉会让我们走入"受害者思维"中，陷入"无论如何都摆脱不了被捉弄"的悲观想法，并逐渐失去信心，无力感和孤独感也会越来越强烈。==改变观念，让自己的内心强大起来，才能摆脱无力感，掌握主动权。==

脑洞大开

强大内心修炼计划

向着表中列举的行动方向前进，让你的内心慢慢变得强大。每完成一项具体行动，就给自己画一颗♥。得到的♥越多，就代表你的内心越强大哦。

行动方向	具体行动	内心强大指数
获得他人的理解	向信任的人倾诉，自己的感受被他人理解后，内心就会变得更有力量。 1. 获得爸爸妈妈的理解。 2. 获得爷爷奶奶的理解。 3. 获得_____的理解。	

续表

行动方向	具体行动	内心强大指数
拒绝不友好行为	不友好行为发生时，告诉对方你不喜欢这样的方式。 在_____（事件）时，你觉得_____（你的感受），你会对他说_____。	
鼓励友好行为	鼓励对方的友好行为，帮助对方与你友好相处。 在_____（事件）时，你觉得_____（你的感受），你会对他说_____。	
知己知彼	了解对方的行为模式，预测他的行为，就能提前做好准备，更好地应对他的行为和语言。 他在_____（对方的行为）时会_____。	
灵活应对	预判了对方的行为后，构思你能采取的应对措施。如果事先有计划，你将会更有勇气。 如果他_____（行为和语言），你会_____。	

叮！祝贺你学会了这一技巧，获得了"绿色行动"奖牌。

心理成长
小 贴 士

　　"**自动思维**"是指人们在生活中遇到事情的时候,会根据自己以往的经验,使用习惯的思维方式。人们往往会因为以前的失败经历,陷入无法摆脱的恐惧和无力感中。而现实状况并非一定和想象中的一致。我们可以通过练习打破自己的自动思维,战胜恐惧,提高自信心。下面是练习方法,当你遇到问题时,也可以试着列一个这样的表格哦。

生活事件	最坏的情况	最好的情况	最可能发生的情况
晨晨摔坏了朵朵的东西。	所有人都不理解朵朵,朵朵尝试沟通却没有效果,还是一直被欺负。	所有人都能理解朵朵的遭遇,朵朵让晨晨学会尊重自己,晨晨也不再欺负朵朵。	有些人能理解朵朵,有些人不能。在某些事情上,朵朵可以通过和晨晨沟通解决问题,有时则不能成功。

灵活的内心更强大。

08 当班上同学抱团孤立我的好朋友时,我该怎么抉择?

From 琪琪

莎莎是我的好朋友,她遵守纪律,坚守原则。但最近我发现她的原则给她带来了一些困扰,别的同学觉得她太爱打小报告了。虽然她是在协助老师,想维护好班级的纪律,但其他同学都不理解她,甚至叫她"小汉奸"。近段时间,同学们甚至开始一起孤立她,背地里说她的坏话。上次有一个同学举行生日聚会,他请了全班其他同学,就是没有请莎莎。我知道莎莎是很善良的人,但别的同学总是误解她,看到她被孤立的样子,我难过极了。我到底该怎么帮助她才好呢?

— 树洞回音 —

朋友被欺负时,你能想到哪些帮助朋友的方法?请你根据经验预测表格中列举的行为会产生什么后果,并判断它们是不利于解决问题的**"红色行动"**还是有利于解决问题的**"绿色行动"**。你还可以写一写你觉得可行的行动方案。

1 ☆	2 ☆	3 ☆
用更难听的语言帮朋友骂回去。	告知同学侮辱人是没有教养的行为，这样的行为伤害不到你朋友，并带着朋友走开。	假装没听见，事后告诉朋友。

4 ☆	5 ☆	6 ☆
向同学解释朋友不是那样的人，告诉他们朋友的优点。		

绿色行动：2、4　　红色行动：1、3

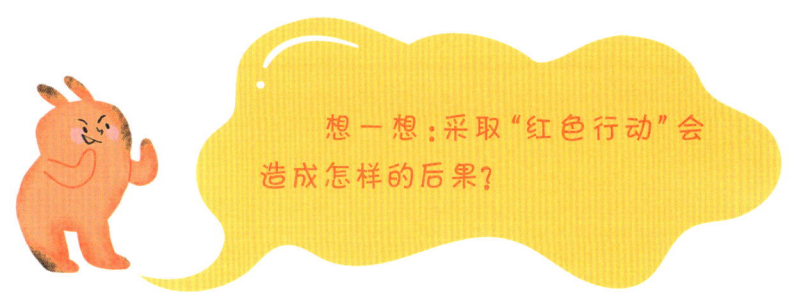

想一想：采取"红色行动"会造成怎样的后果？

— 树洞锦囊 —

能看到朋友的优点,感受到朋友内心的痛苦,并且真心愿意帮助朋友,这些都是非常了不起的品质。面对他人的孤立和语言暴力,无视、忽视或者以暴制暴都不是解决问题的好办法。我们要让朋友知道他并不孤单,并帮助朋友搭建起和他人沟通的桥梁,使他和其他人之间互相理解。

当朋友因为经常向老师汇报而遭到孤立时,我们可以帮朋友分析,哪些情况需要让老师知道,哪些情况不需要让老师知道。接下来的分析方法,我们自己也可以使用哦。

脑洞大开

"登闻鼓"小练习

在学校里,我们会遇到各种各样的情况,或许是有同学违反纪律,比如抄作业、打架;或许是有同学发生特殊情况,比如身体不舒服。有些情况没必要告诉老师,而有些情况则需要马上让老师知道。如果你身边有爱向老师汇报情况的朋友,可以邀请他一起做做这个"登闻鼓"小练习。

1个"登闻鼓"代表与自己无关且不要紧的事件,比如同学上课不听讲、说脏话等。这些事我们不需要告诉老师,因为在学校里,我们的首要任务是管好自己的事情,对自己负责。

2个"登闻鼓"代表与自己有关但不太紧急的事件,比如同学拿走了你的笔、抄你的作业等。遇到这类事情,我们不需要

第一时间报告老师,可以先尝试自己解决问题、化解矛盾、捍卫权利。如果没有效果,再请老师帮忙也可以哦!

3个"登闻鼓"代表紧急事件,比如你或他人生病、受伤等。影响到自己或他人的生命健康的事情,一定要第一时间告诉老师哦!

接下来让我们练习一下吧!请你来判断,下列事件分别对应几个"登闻鼓",并给相应数量的"登闻鼓"涂上颜色。

在学校里不是不能敲"登闻鼓",而是要学会区分事情的紧要程度。

朋友在下课时不舒服,呕吐了。	
同学在上课的时候没有听讲,不停地拿铅笔戳本子。	
同桌拿尺子打你。	

续表

同学拿着灭火器乱玩。	
同学在操场上摔跤了,痛得爬不起来。	
同学在上课的时候呼呼大睡。	
同学一直给你取外号,嘲笑你。	
其他:	

 叮! 祝贺你学会了这一技巧,获得了"绿色行动"奖牌。

心理成长小贴士

很多同学喜欢维护秩序，非常有正义感，希望自己的世界规规矩矩的，所以接受不了别人不守规矩的行为，总是想向老师求助。但实际上，无论发生什么事都"打小报告"会增加老师的工作量，也浪费了自己独立解决问题的机会；爱向老师汇报情况的人还会留下"狐假虎威"的印象，因此容易得罪同学，伤害彼此的友谊。我们遇到事情时，不能总向大人们求助，要学会直接和当事人沟通，培养自己解决问题的能力。生活中，并不会总有人帮你解决问题，下次再遇到让你感到委屈的事情，不妨试试看自己解决哦。

 你能自己解决问题。

09 聊天时,遇到自己不感兴趣的话题怎么办?

From 诗琪

最近,我发现同学、朋友好像都躲着我,不和我交流,这让我很痛苦。我仔细想了想,这可能和我的一个坏习惯有关系。在跟别人聊天时,如果聊的是我感兴趣的话题,我就会听得很认真,并且积极参与互动;如果是我不感兴趣的话题,我就会心不在焉,听不进去别人在讲什么,甚至还会打岔,搞得对方很尴尬。次数多了,他们自然就不再愿意和我聊天了。我需要朋友,想挽回友谊,更想改变我的这个习惯,但又不知该怎么做。

— 树洞回音 —

与人谈话时,有些行为会让对方觉得自己受到了重视,有利于谈话愉快地进行,我们称之为**"绿色行动"**;有些行为则会让对方不太高兴,甚至影响到你们之间的关系,这就是**"红色行动"**。请你给表格中列举的这些行为涂上对应的颜色。如果你在与人交谈时还有其他习惯,也可以在空格中写一写,并思考它们产生的影响。

1 ☆ 对当前话题不感兴趣时，直接告诉对方并离开。	2 ☆ 遇到不感兴趣的话题时，就做自己的事，不打断也不回应对方。	3 ☆ 用东张西望、打岔等方式提醒对方，自己对此刻的话题不感兴趣。
4 ☆ 将这次谈话看作一次潜在的学习。虽然聊的话题不是自己感兴趣的，但有可能对自己有所启发。	5 ☆ 提醒自己，自己虽然对当前的话题不感兴趣，但出于礼貌也要听完。	6 ☆ 在交流结束时，坦诚告诉对方："虽然我对刚才的话题不感兴趣，但还是认真听完了，下次我们可以交流彼此都感兴趣的话题，这样我会更投入。"
7 ☆	8 ☆	9 ☆

绿色行动：4、5、6　　红色行动：1、2、3

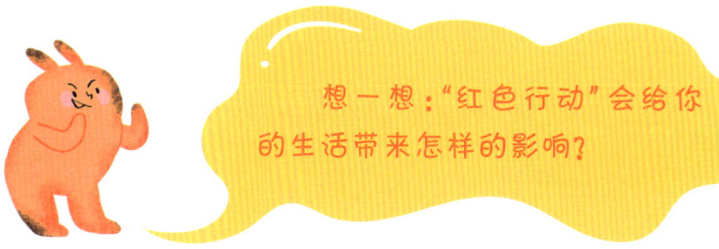

想一想："红色行动"会给你的生活带来怎样的影响？

— 树洞锦囊 —

如果直接打断对方并离开,友谊的小船很可能会直接沉没。心不在焉,只顾着做自己的事情,对方会觉得没有被尊重,以后会避免和你来往。每个人都有不同的兴趣爱好,在人际交往中,我们需要学会有技巧地处理这些差异,而坦诚和理解是维系友谊的基础,不妨和朋友敞开心扉说说你的心里话。这样既维护了友谊,又能让自己在友谊中被滋养。我们一起来学习如何做到这一点吧!

"高质量谈话"小练习

1. 自我觉察

当你发现自己对对方谈论的事情不感兴趣,并且产生了想打断对方的想法时,提醒自己:停下来,不要说话,也不要行动。

2. 调整情绪

做几个深呼吸,平复心情,耐心聆听。不要让情绪控制你的行动。

3. 换位思考

想象一下,如果自己正开心地谈论感兴趣的事情,却莫名被对方打断,自己有何感受。你可能会生气,觉得对方没有礼貌、不尊重自己,以后也不愿意和对方来往。

4. 寻找收获

虽然你对这个话题不感兴趣,但是耐心听完后,发现对方对你更友好了,你因此收获了朋友对你的认可。或者虽然话题整体不能吸引你的兴趣,但在对方的言谈中,你能发现一些对自己有用的信息,这也是一种收获。

叮! 祝贺你学会了这一技巧,获得了"绿色行动"奖牌。

心理成长
小 贴 士

在和别人交谈的过程中,当你对话题提不起兴趣,不打算继续聊下去时,**找准合适的时机打断对话**,是沟通中的一个小技巧。比如当说话人短暂停顿时,趁机告诉他:"听你讲了那么多,能感受到你真的对那件事很有兴趣。现在让我们换一个话题,谈谈我们共同感兴趣的事情,你看可以吗?"当你这样说的时候,对方会感受到你不但在倾听,而且能与他共情,因此没有理由拒绝你。而你既维护了友谊,又达到了转换话题的目的。

 用心倾听,礼貌表达。

10 和好朋友吵架后,该怎么打破尴尬?

From 嘉月

上周，我和好朋友果果在谈论我们喜欢的明星时，果果居然说我的偶像一点都不帅，演技也不好。我非常生气，就和她吵了起来。我们越吵越生气，还放出狠话说以后再也不做好朋友了。原本以为过两天气消了，我们就会和好如初，没想到都过去快一个星期了，我们仍然没有说话。我好几次想和果果讲和，可每次都无法开口。看着果果和其他同学有说有笑，想起以前我们在一起快乐的画面，我心里既难过又气愤，我该如何与她和好呢？

— 树洞回音 —

朋友之间，经常会发生这样的事：双方都很珍惜彼此的友谊，希望两人对各种事件的看法也能保持一致，发生冲突后却碍于面子，谁也不愿意主动开口讲和，这份友谊也因此到了岔路口。正在阅读来信的你，如果遇到这样的情况，会怎样处理呢？

你可以尝试借助下页的表格，梳理自己的想法和感受，以及计划

采取的行动,并结合实际情况,将它们分为有效的**"绿色行动"**和无效的**"红色行动"**。请你判断示例中的两种行动是否有效,并涂上对应的颜色。你也可以参照示例,将自己的实际情况补充在空格中。

事件:和好朋友吵架

情绪和感受	行动	短期效果	长期效果	
难过、气愤	回避,继续僵持。	避免了当前的尴尬,不用付出努力。	失去了好朋友,处于持续的孤单、难过中。	1 ☆
	主动讲和。	尴尬,需要付出一些努力。	好朋友失而复得,开心。	2 ☆
				3 ☆
				4 ☆

绿色行动:2 红色行动:1

— 树洞锦囊 —

在和朋友的相处过程中,发生矛盾是在所难免的事。正是因为我们十分珍视这份友谊,所以才会格外在意朋友的看法,希望朋友能够认可自己的观点,并对朋友的疏远而感到难过、气愤。当我们选择回避问题时,虽然短时间内避免了尴尬,但是从长远看却会造成更多问题,甚至让情况变得更糟糕。只有双方都愿意为维系感情付出努力,友谊才能细水长流。

脑洞大开

"吹气球"小练习

1. 想象自己主动和好朋友讲和的场景,你可能会感觉非常尴尬,不着急,先沉浸式体验一会儿这种尴尬的感觉。

2. 接着,想象你正在吹气球。你捧着一个气球,尝试着把它吹起来。每次呼气,都能把一些尴尬的感受从身体里吹到气球里;随着你一次又一次吹气,气球变得越来越大,身体里的尴尬也越来越少,最后,尴尬就全部被吹到气球里了。

3. 在想象中给气球打个结,扎结实,然后放开它。气球飞远了,尴尬也和气球一起全部飞走了。

4. 再细细感受一下,看有没有轻松一些,如果还是有些尴尬,可以再试一次哦。

叮! 祝贺你学会了这一技巧,获得了"绿色行动"奖牌。

心理成长小贴士

尴尬是人际交往中最常见的感受之一，当我们产生低自尊、羞耻的情绪时，会下意识地觉得他人在评价自己——"我这么做，别人一定会觉得我很蠢""我这么做，别人一定会觉得我很差劲"。**其实很多时候，只是我们自己在评判自己**，如果我们能正确地评价自己，相信自己，不再对别人的看法胡思乱想，勇敢地付出行动，就一定能自如应对尴尬的处境。

 相信自己真的很棒！

| | 假期之后,我和同班好友的关系生疏了,该怎么恢复?

> From 媛媛
>
> 最近暑假结束,回到熟悉的校园,本来应该是一件很开心的事情,但我发现和昔日的好朋友菲菲、苗苗见面时,总有一种距离感,面前的她们似乎不像之前那么亲切了。我很想和她们聊点什么,却又不知道她们想不想和我说话。对我聊的话题,她们好像也不太感兴趣了。两个月的分别,让我觉得面对她们时有些尴尬。

— 树洞回音 —

和朋友分开一段时间后,再见面会觉得有些生疏,不知道该如何走近彼此。正在阅读来信的你,在生活中是否也遇到过这样的情况?如果有的话,你会怎样处理这样的问题呢?

当我们尝试和自己的好朋友沟通,对方却表现得好像不是很热情或不太感兴趣时,我们很容易感到受伤和失望,进而觉得彼此没有以前那么要好了,担心会失去这段友谊。

你可以尝试借助下面的表格,梳理自己的想法和情绪,以及计划采取的行动,并结合你的实际情况评价行动的效果,将有效的行动标记为**"绿色行动"**,将无效的行动标记为**"红色行动"**。你还可以参照示例,将你的实际情况补充在空格中。

事件:和好朋友分开再重逢后觉得很生疏

情绪和感受	行动	短期效果	长期效果	
担心、失落	不敢再去沟通。	避免受挫。	人际关系问题没有解决,感到无助、孤单。	1 ☆
	尝试其他沟通方法。	积累经验,了解彼此。	学会如何打破距离感,提高了交友能力。	2 ☆
				3 ☆
				4 ☆

— 树洞锦囊 —

与朋友分开一段时间后觉得生疏是非常正常的事情,这正是我们增进友谊的好时机。==正因为我们十分珍视这段友谊,所以会因朋友的疏远而感到"伤心"和"失落"。==这些感受会让我们选择退缩和逃避,但是当我们采取适当的行动后,友情或许会变得更加牢固。

"友谊之树"小练习

想要建立良好的友谊,需要种下三棵小树。每棵小树都有不同的需求,满足这些需求才能使它们茁壮成长,结出果实。每满足小树的一个需求,你就可以用你喜欢的颜色在树上画一个小苹果,这也代表着你和朋友的友谊会越来越深厚。

1. 第一棵小树的名字叫尊重

尊重是友谊的灵魂,包括尊重他人和自我尊重。朋友之间要学会互相尊重,真诚地赞美对方的想法和行为。如果你觉得自己尊重对方,或者觉得对方很尊重你,就在这棵树上画一个小苹果吧。

2. 第二棵小树的名字叫分享

分享是友谊发展的重要基石,它包括分享自己对事物的看法和感受,也包括分享自己喜欢的物品。如果你和朋友有过分享的经历,就请在这棵树上画一个小苹果吧。

3. 第三棵小树的名字叫共情

共情是友谊长久发展的动力源泉。共情的意思是:我能感受到你的感受。被共情时,对方会觉得自己被理解,自己的想法有人懂得,内心就会觉得温暖,会更愿意和你交流。当你尝试理解对方的感受,或者你的感受被理解时,就在这棵树上画一个小苹果吧。

叮! 祝贺你学会了这一技巧,获得了"绿色行动"奖牌。

写给父母的话

建立友谊是一个十分复杂的社会化过程。良好的社交可以帮助我们减少心理压力，保持心理健康。一段坚固的友谊可以让我们内心充满面对苦难和挑战的力量，所以帮助孩子进行社交技巧训练是父母至关重要的任务。孩子遇到类似情况时，需要父母的理解和帮助。父母可以扮演同学的角色与孩子进行模拟演练，帮助孩子克服被拒绝的恐惧。

 和孩子一起战胜恐惧吧！

12 发现朋友身上有很多缺点,我该继续坚持这段友谊吗?

From 子琪

我和同班的明明、乐乐本来关系很好,但最近我跟他们在一起时却觉得很别扭,有时甚至觉得他们的友谊很虚伪。也许是因为我们走得太近,我不自觉地将对方的缺点放大了。例如,他们明明跟某个同学彼此不喜欢,常在背后指指点点、互相嫌弃,但见了面还是笑嘻嘻地打招呼,让外人看了,还以为他们的关系很亲密。我真的不喜欢表演式的人际关系。虽然我知道朋友间应该相互包容,但我有时还是接受不了他们的行为。有时我会故意找理由不跟他们一起玩,但我又担心这样下去,会失去他们这两个朋友,同时害怕以后再也交不到好朋友了。为此我感到很苦恼,不知该如何抉择。

— 树洞回音 —

请你回想一下自己和朋友相处的经历,下页表格中列举的哪些事件和想法曾影响了你的人际关系,让你陷入社交苦恼,请你把它们标记为**"红色友谊"**。你也可以试着在空白的格子中写上其他会导致社交问题的事件和想法。

1 ☆	2 ☆	3 ☆
我不能接受虚情假意的友谊。	我不喜欢表演式的人际关系。	因为跟朋友们走得太近,我发现他们身上有很多缺点。
4 ☆	5 ☆	6 ☆
我虽然知道朋友间应该相互包容,但还是不能接受他们的处事方式。	我想远离我的朋友,但又担心失去友谊。	我怕以后交不到好朋友了。
7 ☆	8 ☆	9 ☆

想一想:那些导致社交问题的事件或想法给你的生活带来了怎样的影响呢?

— 树洞锦囊 —

你发现了吗？在跟朋友相处的过程中，如果我们总是关注朋友在为人处世中的不足，难免会变得患得患失，对这份友谊的信任也会发生动摇。尤其是在对待我们特别珍视的友谊时，我们会更加在意朋友的做法，无法接受朋友偶尔的"表演"和"言不由衷"。想要远离朋友，却又舍不得放弃这份持续已久的友谊，内心很矛盾，心情自然也会跟着变差。接下来，让我们一起学习为友谊充电的方法吧。

交友充电站

欢迎来到"交友充电站"。在这里，你可以为自己的"交友发动机"充一点电，帮助它发动起来，让自己充满友谊的动力！

下页的电池代表着你能通过努力取得进步的几个方面。你会给哪几块电池充电呢？请你在各个电池里涂上你想充的电量，并按照提示，将能增强你交友动力的具体内容填写在下页的空白栏里。

交友技巧	克服困难	获得奖励
你如何看待观点与你不同的朋友：	你想解决的困难：	你能从良好人际关系中得到的收获：

取得成就	未来希望
良好的人际关系对你的帮助：	良好的人际关系带给你的改变：

当你明确了自己在人际交往中的问题，并确定了具体的努力方向，就会对自己想要什么样的友谊有更清晰的认知，也会对建立、维护友谊更有信心了。

叮！ 祝贺你学会了这一技巧，获得了"绿色行动"奖牌。

心理成长
小 贴 士

有这样一个寓言故事：森林里一群性格、习惯各异的动物共同用玻璃搭建了一个"友谊之屋"。居住在这座玻璃屋的过程中，动物们发现了彼此的缺点，于是矛盾产生了，直到有一天，玻璃屋裂开了，动物们紧急修补时才终于意识到互相尊重、倾听和承认差异的重要性。最终，大家一起合作修复了友谊之屋。其实我们每个人都生活在一个玻璃屋中，我们可以看到周围的人，同时也可以看到我们。**当我们注意到别人的缺点时，也可以反省自己的缺点，这样或许就能理解对方的难处了。**这样做可以让我们更客观地看待别人的优点和缺点，并能更加自信地处理人际关系问题。

你也很优秀哦。

13 我结交了品德差但对我很好的朋友,该不该放弃?

From **娜娜**

我有一个只对我好的好朋友。她叫安安，可是她本人却不像她的名字那样安静，她经常会打骂其他同学，一张口全是脏话，粗俗得不堪入耳。但是她对我却很温柔，还会帮我赶跑欺负我的人。上次有个男生开玩笑拽了一下我的马尾辫，她一脚就把那个男生踢倒了。我很感激她替我出头、保护我，但又觉得她太粗暴、不讲理，甚至有点讨厌她那个样子。我不希望被她影响，所以打算远离她，但又觉得她对我真的很好，我不该这样对她。我是不是一个不合格的朋友？我是不是太过分了？

— 树洞回音 —

你身边是否也有这种让人又爱又恨，不知道应该远离还是靠近的朋友呢？

每个人身上都有很多品质，我们把令人喜爱、符合纪律道德等规范的称为**"绿色品质"**，令人厌恶、违反纪律道德等规范的称为**"红色品质"**。现在请你花点时间来分析一下这位令你纠结的朋友吧。

朋友的红色品质

暴躁,爱威胁人,老是打击我……

朋友的绿色品质

善良,会保护我,认真听我说话……

你的朋友身上"红色品质"更多,还是"绿色品质"更多呢?

— 树洞锦囊 —

你发现了吗?比起沉溺于朋友给自己带来的好处,好好分析一下朋友所具备的品质更重要哦!因为好的品质是一段友情长久的秘诀,也是我们打心眼里尊重和喜爱我们的朋友的原因。物以类聚,人以群分,人慢慢地会和自己周围的朋友越来越像。拥有一位具备多种优秀品质、有很多地方值得你学习的朋友,会让你在不知不觉中成为更优秀的人。

脑洞大开

"摘苹果"小练习

你还记得毒倒白雪公主的毒苹果吗？有的苹果外表看起来无比诱人，让人想一口吃下去，但却有可能含有剧毒。友谊也是一样，学会区分令人中毒的"毒苹果友谊"和对健康有益的"鲜苹果友谊"是非常重要的。

有些朋友会一直打压和批评你，或故意无视、伤害你的感情，使你感到消极、低落，这样的"毒苹果友谊"要尽早远离。而有些朋友会在你不开心的时候安慰你，会在你遇到好事时打心眼里为你高兴，让你更加积极向上、充满自信，这些包容、温暖、能促进双方共同进步的友谊是"鲜苹果友谊"，要好好珍惜哦！

请你分辨这些友谊是"毒苹果友谊"还是"鲜苹果友谊"，并把相应的序号填进方框中吧。

❶ 我和朋友相互尊重，有需要一起做决定的事情会询问彼此的意见。

❷ 我的朋友经常和我讲别人的坏话,偶尔也会听见他和别人讲我的坏话。

❸ 我的朋友对我的爱好表示支持和关心。

❹ 我的朋友会贬低我的兴趣爱好,只要是我喜欢的东西他都觉得没意思。

❺ 遇到好玩的事情,我们总是互相分享。

❻ 我难过的时候,我的朋友会安慰我。

❼ 我难过的时候,我的朋友总是装作看不见,或者对我说:"这有什么好难过的?"

❽ 和我的朋友在一起的时候,我大部分时间都很开心。

❾ 我的朋友经常让我感到不开心。

❿ 我的朋友会说:"如果你做不到这件事,就别和我玩了。"

⓫ 我的朋友会带我做些危险刺激的事情。

⓬ 我的朋友不会嫉妒我的优秀,每当我进步了或者得到好东西时,他总是真心替我开心。

⓭ 我的朋友会打压我,拿我开玩笑,尽管我觉得不那么好笑。

⓮ 我的朋友总能看到我的优点,并且真心赞美我。

毒友谊有对应题:2、4、7、9、10、11、13 健康友谊有对应题:1、3、5、6、8、12、14

叮!祝贺你学会了这一技巧,获得了"绿色行动"奖牌。

♥ 心理成长
小 贴 士

在人的一生中，会有很多人来到我们的身边，也会有很多人离开。因此，学会判断对方的品质，把有限的爱和精力留给值得的朋友是很重要的。和有很多不良品质的人保持距离，远离"毒苹果友谊"，和有很多优秀品质的人交往，维持"鲜苹果友谊"，我们才会越来越开心，也更有机会成为一个具有优秀品质的人。真正的好朋友是不会伤害和打压我们的，如果遇到了不知道该怎么判别的友谊，可以向老师还有家长求助哦。

 交朋友要慎重哦。

14 朋友总是无视我的合理诉求,我该如何应对?

From 心怡

我把诚信看得很重,答应同学的事都会努力做到,因为我觉得这是对人最基本的尊重,但我的同学明明和华华不是这样做的。他们经常不讲信用,比如向我借的文具久久不还,明明和我约好了出游时间却时常迟到或临时取消约定。在我几次三番的提醒之下,他们仍然自顾自地不守承诺,我很生气,也很失望。面对这样的朋友,我该怎么办?

— 树洞回音 —

当我们自己一直以诚信对待他人,他人却不以诚信对待我们时,确实容易感到愤怒和失望。你可以尝试借助下页的表格,梳理一下你与他人对同一件事情采取的不同行动,明确自己对他人的期待,进而更好地理解为什么双方对诚信有不同的态度。我们举了一个例子,你可以参照示例,结合自己的实际情况在后面进行补充。

事件	我的做法	同学的做法	我觉得同学应该这样做
约好10点集合出去玩。	提前收拾东西,准时到达集合地点。	迟到了15分钟。	和我一样重视约定,准时集合。

— 树洞锦囊 —

你发现了吗?"我的做法"和"我觉得同学应该这样做"通常是一样的,我们似乎把自己的行为标准视为同学也必须遵守的标准,但不同的人在认知、性格和喜好等方面都有很大差异,你的处事方式不一定适合对方,你对自己的要求对方也不一定能做到哦。当然,这种情况在日常人际交往中非常常见,心理学上将它看作人际关系的陷阱,叫"反黄金法则",即"我怎样对待别人,别人就应该怎样对待我"。当你应用"反黄金法则"时,实际上是在向别人提要求,哪怕你提的要求看上去是合理的,但也很有可能侵犯了别人的边界。严重的话,这甚至会发展成一种控制倾向。大多数人都不愿意被要求和控制,那我们应该怎么办呢?毕竟,追求诚信并没有错呀!

"交换观点"小练习

1. 了解一下

你可以和同学坐下来聊一聊双方对于诚信的不同看法。需要注意的是,你们应该只交流看法,不评价彼此的对错。你可以把双方对同一件事的看法写下来,并比较二者的不同。

事件	同学的看法	我的看法	两者的差别
约好10点集合出去玩。	出去玩是轻松愉快的事,不用严格遵守时间。	约定几点就是几点,让别人等待是不礼貌的。	对待约定时间的态度不同。

2. 感受一下

当他人的看法与我们存在差别的时候,你有什么样的感受?
你的感受是:

3. 观察一下

现在,我们可以继续观察写下的感受,它是愉快的、不愉快的,还是中性的? 需要提醒你的是,这些感受不分好坏,没有对错,它是你现在最真实的感受。尽量接纳这种感觉,即便它是不高尚的,也要放弃对它的评判,与它和平共处。

4. 决定一下

现在,你已经了解了他人的想法,同时对自己的感受也有了清晰的觉察,你可以带着这两个收获做出决定了。

他人的想法是:

听了他人的想法以后,你的感受是:

如果你能接受他人带着这样的想法和你交往,那么你的决定是:

如果你不能接受,那么你的决定是:

叮! 祝贺你学会了这一技巧,获得了"绿色行动"奖牌。

心理成长
小 贴 士

在人际交往方面,心理学中有一个**"黄金法则"**,它的含义是:**你希望别人如何对待你,你就如何去对待别人**。而前文中提到的**"反黄金法则"**正好与此相反,它的含义是:**我怎样对待别人,别人就应该怎样对待我**。这两个法则听起来很相似,细读起来可是大有不同,在人际交往中发挥的作用也有很大区别。遵循"黄金法则",将有助于我们在人际交往中获得良好的收益。

 每个人都是不同的哦。

15 我的善意提醒为什么会被同学认为是多管闲事?

From 优优

我的同桌叫畅畅。他从来不写作业,总是每天早早到校,一来就到处借同学的作业抄。有时,我忍不住小声提醒他:"抄作业不好,就算骗过了老师,也骗不了自己和成绩。"但他不但不听我的劝告,还会给我一个大白眼。我真的受够了,但又不知道怎样劝他才会听。明明幼儿园小朋友都懂的道理,他为什么就想不明白呢?

— 树洞回音 —

是啊,自己的劝诫明明是为了对方好,为什么就是不被理解呢?

让我们用"头脑扫描仪"扫描一下自己的记忆,看看在我们的生活中是否有过因为被别人劝说而感到厌烦的经历吧。当时你是怎么想的呢?请你结合自身经历填写下页的表格。

事件	想法
小时候路过零食店,我想买一包自己最喜欢的零食。妈妈却说吃零食对身体不好,硬是把我拽走了,还批评我不听话。	就这么点要求都不能满足我,妈妈可真坏。
在数码广场,我正玩着最爱的游戏,爸爸突然一把将我手里的数码产品拿走,叫我赶快回家写作业。我恳求爸爸让我再玩会儿,他却批评我不懂事。	

— 树洞锦囊 —

对于好吃的、好玩的、好看的,我们总是享受不够。当我们正在兴头上,却突然被打断、制止时,就会觉得难受、烦躁。所以,不是提醒别人的人不温柔,而是想做的事情被人阻拦,本来就会让人感到沮丧和愤怒,从而讨厌这个阻拦自己的人。那么,当我们为了朋友好,想帮助朋友养成良好的行为习惯时,应该怎么做呢?

"巧妙提醒"小练习

1. 戴上观察的放大镜

放大镜看到的东西是客观的、不带攻击性的。"放大镜语言"就是不批评他人、仅仅客观描述事实的语言,而"攻击语言"则是带有指责、目的是发泄情绪的语言。比如,当同学迟到时,使用"放大镜语言"的人会说"我注意到你今天没有按时来"(不带情绪,客观描述),而使用"攻击语言"的人则可能会说"你就是个爱迟到的人"(批评对方的品格)或者"你总是迟到"(夸大了迟到的次数,不客观)。戴上放大镜观察朋友,并向他如实描述你实际看到的情况,更有利于沟通的顺利进行。现在让我们区分一下哪些是"攻击语言",哪些是"放大镜语言",将它们的序号填在各自的位置上吧。

攻击语言	放大镜语言

❶ 我注意到你今天没写语文作业。

❷ 你怎么又不写作业啊?

❸ 你看起来很想吃这个零食。

④ 你总想吃这些对身体不好的垃圾食品!

⑤ 你今天放学以后不是很想写作业,想再玩一会儿。

⑥ 你就只想着玩,根本不想写作业。

⑦ 你打了我一下。

⑧ 你是个爱打人的坏蛋。

放大镜语言:2、4、6、8　　放下大镜语言:1、3、5、7

2. 感受情绪的"小怪兽"

如果对方的行为释放了我们的"情绪小怪兽",我们要及时感知并告诉对方哦。比如,对方打了你,释放出了你的"愤怒小怪兽",这时你可以说:"你打了我,这让我觉得很愤怒。"

你平常会有哪些情绪小怪兽呢?写下来,整理一下吧。

3. 了解自己的需求并表达

在使用了"放大镜语言"并表达了"情绪小怪兽"之后,我们还需要表达自己的诉求。比如,当你说出"你打了我,这让我觉得很愤怒"之后,想一想自己真正的需求是什么,并且告诉对方:"我希望你不要再动手了。"

叮！祝贺你学会了这一技巧,获得了"绿色行动"奖牌。

心理成长
小 贴 士

　　我们在表达自己的建议时,需要站在他人的角度思考,尽量不使用攻击性语言去表达自己内心的想法。前文介绍的方法叫作**"非暴力沟通"**,即用温柔且坚定的方式表达出自己的想法,用不伤害他人的方式解决矛盾和冲突。想帮助别人的心是善良柔软的,但要注意我们的表达也应该是温暖的,这样才能真正帮助到别人哦!

 沟通也要讲技巧哦。

16 因太在意友情而导致自己身心俱疲，我做错了吗？

From 凌风

人人都说,人生一大幸事便是有三五好友。我原来也有几个好朋友,可是渐渐地,我越来越觉得维系友情是一件很累的事。比如,朋友心情不好时,要考虑他们的感受,安慰他们,有时候说错了安慰的话,反而引得对方生我的气。相处久了,难免发生误会,还要花费很多心思解释、弥补。如果同时和好几个朋友相处,我还要协调几人之间的关系,但还是会顾此失彼……维系友情真的好累,我想做回轻松的自己,所以渐渐和他们疏远了。自己一个人的确很轻松,但是有时看着别人和朋友一起打球,有说有笑,我又会突然觉得很不是滋味……

— 树洞回音 —

当你在友谊中感到不舒服时,可以尝试借助下页的表格,梳理自己的想法、情绪和计划采取的行动,并结合实际情况评价采取行动后的效果。请你判断表中的示例行动是有利于友情发展的**"绿色行动"**,还是阻碍友情

发展的**"红色行动"**，并给它们后面的星星涂上相应的颜色，也可以尝试用同样的方法分析你遇到的问题哦。

事件：维系友情很累，因此与朋友疏远

情绪和感受	行动	短期效果	长期效果	
心累、生气、委屈	放弃沟通	轻松	人际关系问题没有解决，感到无助孤单。	1 ☆
	换种方式沟通	有点累	得到朋友的理解与支持，能更轻松地维持友情。	2 ☆
				3 ☆

绿色行动：2　　红色行动：1

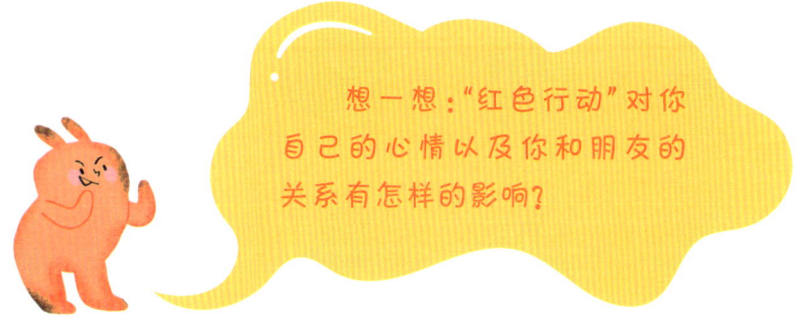

想一想："红色行动"对你自己的心情以及你和朋友的关系有怎样的影响？

— 树洞锦囊 —

友情在人生中占据很大的比重,而青春期正是人际交往发展的重要阶段。如果长期处于害怕和回避社交的状态,会使得学习、锻炼社交技能的机会减少,生活质量下降,在情绪表达、社会功能和生命活力三方面有所局限。

"建立社交边界感"小练习

1. 认识边界感

边界感是对所有权的认知。人都是独立的个体,会设定自己的社交范围,如果要跨越边界进入别人的范围,就需要先征求对方的同意。

边界感包括四个层面:物质层面、距离层面、时间层面以及情绪(情感)层面。也就是说,无论是有形的物品,还是无形的时间、隐私、权利等,都属于边界感保护的范围,无论是要越过哪个层面的边界,都需要先征得对方同意。

2. 了解自己的底线

要明确自己在身体上、情绪上、心理上以及精神上的承受限度,才能在自己与他人的互动中合理地设定边界。如果你产生了"不舒服"或"愤恨不满"这两种感受,就说明别人打破了你的边界。

请你想象一些和别人相处的场景,给自己在这种环境中的不适感和不满程度从1到10打分。如果打分高于6分,你就要思考一下:我和别人的互动出了什么问题?是不是别人对我或者我对别人抱有不切实际的期待?

3. 识别他人的边界信号

每个个体的边界感都是不同的,自己觉得无关紧要的事有可能会让别人觉得非常不舒服。因此,在日常交往中,我们要关注对方的边界信号,做到己所不欲,勿施于人。他人的边界信号经常表现为:谈到某个话题时,突然变得态度冷淡。

叮! 祝贺你学会了这一技巧,获得了"绿色行动"奖牌。

心理成长小贴士

建立边界感主要从这五点做起：

1. 对自身的情绪、情感、物质、生活、时间负责，认识到他人并没有义务为你自己的问题买单。

2. 当他人向你提出不合理的要求时，学会及时拒绝。认识到自己同样没有义务为他人的问题买单。

3. 明确自己的原则底线，同样也能识别并尊重他人的原则底线。正确划分自己与他人的关系界限，并用合适的方式处理彼此的关系。

4. 边界感过强容易让人陷入对于人际关系的猜疑、不安中，人与人的关系是建立在需要与被需要的基础上的，一定程度的自我暴露反而能够增加建立关系的机会。要学会区分关系、转换自己的身份去适应不同的关系和场合。

5. 关系再好，也不能越界。

 要会把握关系中的分寸感。

17 我有很多朋友,可为什么内心仍然感到无比孤独?

From 星薇

虽然我在班里有很多朋友,平时大家也常在一起玩,但遇到事情的时候,却没有人关心我,这让我感到很孤独。上次考试考砸了,我很难过,忍不住哭了,当时我多么希望能有人注意到我,过来安慰我,可是根本没有人发现,他们照样嬉戏打闹。我想找个好朋友倾诉,可是最后发现竟找不到一个可以信任的人,我总担心他们知道了这件事会嘲笑我,甚至因此幸灾乐祸。我好想有个知心朋友,让我可以远离这份孤独,但这种不能相信别人的感觉总是时不时跳出来,我好苦恼,不知道该怎么办。

— 树洞回音 —

我们都渴望拥有知心朋友,远离孤独,但有时也会察觉到自己很难相信别人。你知道吗?这种不信任同样也会被别人感知到,他们会觉得被你推开了,很难接近你,从而让你的寻友之路困难重重。

产生不信任感的原因有很多,请你启动"头脑探测器"扫描一下,看看你有哪些和"无法信

任他人"有关的想法吧。你也可以试着在空白的格子中加上自己的其他想法哦。

1 ☆	2 ☆	3 ☆
自卑,自己对自己都不够认可,同学们一定更看不起我。	曾经被亲近的人背叛或攻击过。	没有以自己想要的方式感受到爱,觉得自己可有可无。
4 ☆	**5** ☆	**6** ☆
内心缺乏安全感,总觉得世界是危险的。	害怕别人了解自己,更害怕别人的亲近是为了利用自己。	担心和别人关系太过亲近会被束缚。
7 ☆	**8** ☆	**9** ☆
有太多焦虑的情绪,没办法和他人友好相处。		

— 树洞锦囊 —

你发现了吗？如果你的内心有很多担忧、恐惧，以及不信任他人的想法，你就会采取逃避的行为，拒绝与别人深入交往。短期内，逃避可以让自己暂时不再担心、害怕，但从长期看，每一次逃避都是在告诉大脑：自己所恐惧的东西确实存在，朋友确实不值得你信任。更重要的是，逃避无法帮助你克服恐惧。

只有勇敢地面对内心的恐惧，大胆走近他人，才能获得你想要的友谊。在这个过程中你可能会受伤，但一旦成功，获得的友谊会让你甘之如饴，也会修正你对自己的看法。

"拆篱笆"小练习

在你的头脑里，有一些想法就像篱笆一样把你和朋友隔开了。试着理一理你头脑中的想法：你不信任别人，是因为担心出现什么情况？如果出现了那种情况会怎么样？一层一层地联想，上一个事件可能会导致什么结果，并把你的想法填写在篱笆上。下页的示例可供你参考。

这一圈篱笆看起来很牢固，实则漏洞百出，我们只要稍一思考就可以把它拆除。想一想：每两个篱笆桩之间的联系是客观事实还是臆测？有没有其他可能？

当你把篱笆拆除后，就能卸下防备，向朋友敞开心扉啦！

叮！ 祝贺你学会了这一技巧，获得了"绿色行动"奖牌。

 **心理成长小贴士**

在与人交往的过程中,人的心理是有投射机制的。"投射"一般是指一个人将一些自认为自身具有,但自己又不愿承认、无法接受的动机、情感、性格特质等,投射到别人身上或外部世界的现象。当我们内心对别人不信任、充满敌意或防范时,就会感觉到别人对自己是充满敌意的,进而采取防御及逃避的措施。当我们慢慢消除了内心对别人的不信任时,就能得到别人友好的回应,获得美好的友谊。

 大胆走近他人,才能获得想要的友谊。

18 在人际关系中,是否应该"公平交易"?

From 言舒

我是一个重视公平的人,在与他人交往的过程中,总是忍不住衡量双方的付出与回报是否对等。比如,别人让我帮过忙,我就会想着要怎么让他也帮我一次。爸爸妈妈让我做什么事,我也会向他们提条件,让他们给我买想要的东西。因为这个习惯,我已经被他们批评好几次了。可是,有付出就应该有回报,难道我做错了吗?

— 树洞回音 —

我们帮助了别人,就会想着让别人也帮助自己,这里就涉及公平原则。实际上,追求公平是每个人都有的正常心理。但在现实生活中,当我们引用"付出就应该有回报"这条原则时,往往带有求利心理。我们都希望自己付出得少,得到的回

报多，或者至少付出和回报是对等的，这是正常的。但是，并不是所有付出都可以衡量其价值，比如一些涉及情感的问题，这些时候，我们所获得的回报通常是无形的，而从表面上看来，回报可能小于付出。

请你想一想，在下列场景中，你需要付出什么，又会获得什么回报？

- 你的一个好朋友生病住院了，你要不要去看他？
- 朋友送给你一个礼物，你要不要回礼？
- 老师叫你帮他去搬书，你要不要去？
- 妈妈让你去买一瓶酱油，你要不要帮她？
- 你心情不好，同学安慰你，你要不要感谢他？
- 你爸爸批评你成绩不好，你要不要努力？

— 树洞锦囊 —

当我们明白了回报和付出的关系，就可以理解我们为什么在付出后，期望有所回报，而且付出得越多，对回报的期望值也就越高。如果付出了而没有得到回报，人的心理就会失衡，在别人眼中似乎是在斤斤计较。当然，付出和回报既可以是物质上的，也可以是精神上的。不求回报地付出是一种比较高的境界，其实，付出者的精神需要也得到了满足。

脑洞大开

"分梨"小练习

你一定听过孔融让梨的故事,这回轮到你来分梨了。一共分三次,每次的情况都不一样。

第一次:一共5个梨,分给5个人。这5个人分别是你自己、爸爸、妈妈、老师、朋友;5个梨从大到小的顺序是a>b>c>d>e,你会怎么分呢?请你用连线的方式画出你的分法,并说说这样分的原因吧。

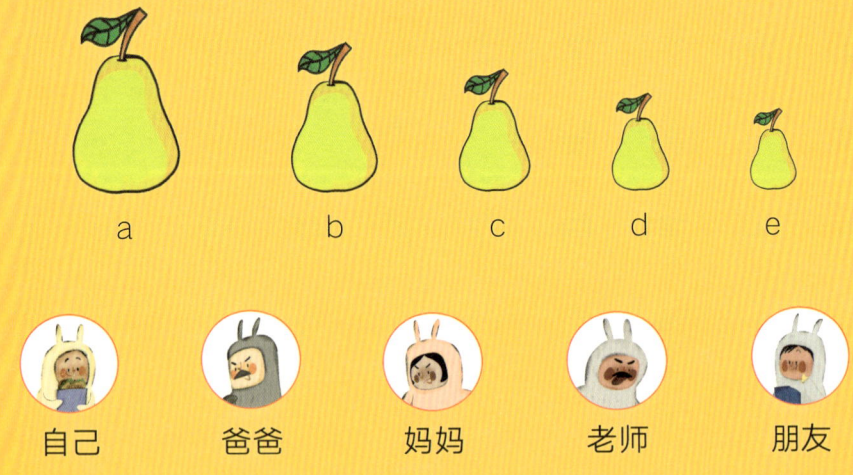

第二次:一共5个梨,分给5个人。这5个人分别是你自己、同学、妈妈、老师、陌生人你会怎么分呢?

| 梨 | a | b | c | d | e |

| 人 | 自己 | 同学 | 妈妈 | 老师 | 陌生人 |

第三次：一共3个梨，分给5个人。这5个人分别是你自己、同学、妈妈、老师、陌生人；3个梨一样大，你会怎么分呢？

| 梨 | a | b | c |

| 人 | 自己 | 同学 | 妈妈 | 老师 | 陌生人 |

做了这个练习，你或许会发现，当我们面对自己关心的人时，我们会真心愿意为他们付出，而我们在这个过程中也会感到愉悦。这也是我们的回报哦。

 叮！ 祝贺你学会了这一技巧，获得了"绿色行动"奖牌。

写给父母的话

很多家长会用物质奖励的方式鼓励孩子的良好行为,这是一种正强化,可以增加被奖励行为的发生频率,从而产生积极的效果。但是奖励不一定要以物质的形式出现,过分强调物质奖励,可能会导致孩子对物质得失斤斤计较,甚至形成用物质衡量价值与成功的认知,这会影响孩子的人际关系处理能力和价值观的塑造。此外,以物质奖励为条件让孩子完成某项任务的教育模式,也会把凡事都要"讲条件"的观念植入孩子的心中,并且削弱孩子主动完成任务的意愿。

家长应该更注意与孩子的情感交流,关注孩子的情感需求,并多对孩子进行精神鼓励;同时,给孩子一定的自主选择权,增强孩子的内驱力。要让孩子知道,父母对孩子的爱是无条件的,付出不仅仅是为了回报,而回报也不只有物质一种形式。

赠人玫瑰,手有余香。